# VENTE

du Mercredi 11 Décembre 1907

## HOTEL DROUOT - SALLE N° 1

A 2 HEURES ½

# TABLEAUX MODERNES

## AQUARELLES — DESSINS

## PASTELS

Mᵉ André COUTURIER

COMMISSAIRE-PRISEUR

Successeur de Mᵉ Léon TUAL

56, Rue de la Victoire, 56

M. F. MARBOUTIN

EXPERT

2, Rue de Marseille, 2

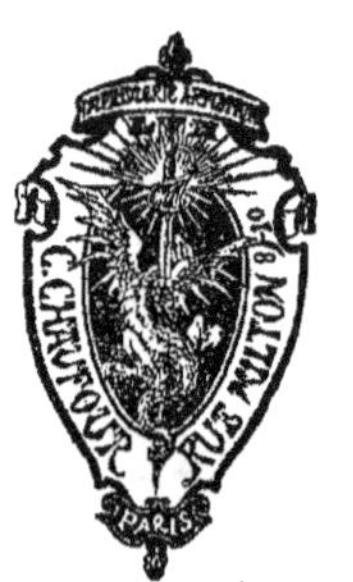
IMPRIMERIE GÉNÉRALE
C. CHAPOUX
RUE MILTON 8-10
PARIS

# CATALOGUE

DES

# AQUARELLES

PAR

# Madeleine LEMAIRE

ET

# TABLEAUX MODERNES

## PASTELS - DESSINS - AQUARELLES

PAR

*Alberti (H.), Allègre, Baron, Boudin*
*John-Lewis Brown, Charpin, Chéret, Chintreuil, Duluard*
*Forain, Français, Fromentin (Eug.), Girardet (E.)*
*Isabey, Lavieille, Lépine, Lopisgich, Luminais, Millet (F.)*
*Monticelli, Moremans (F.), Olive*
*Piette, Rosier (A.), Scheffer (Ary), Thornley, Timmermans*
*Vignon, Vollon (Ant.), etc., etc.*

DONT LA VENTE AURA LIEU

## LE MERCREDI 11 DÉCEMBRE 1907

## HOTEL DES VENTES — SALLE N° 1

### A 2 HEURES 1 2

---

| | |
|---|---|
| **M<sup>e</sup> ANDRÉ COUTURIER** | **M. F. MARBOUTIN** |
| COMMISSAIRE-PRISEUR | EXPERT |
| Successeur de M<sup>e</sup> TUAL | |
| 56, Rue de la Victoire, 56 | 2, Rue de Marseille, 2 |

---

## EXPOSITION PUBLIQUE

Le Mardi 10 Décembre 1907, de 2 heures à 6 heures

CONDITIONS DE LA VENTE

---

Elle sera faite au comptant.

Les acquéreurs paieront *dix pour cent* en sus des en-
chères.

L'Exposition mettant le public à même de se rendre compte
de l'état et de la nature des objets mis en vente, aucune récla-
mation ne sera admise une fois l'adjudication prononcée.

# DÉSIGNATION

AQUARELLES

PAR

## Madeleine LEMAIRE

1 — Chrysanthèmes.

Larg. 0,76. Haut. 0,54.

2 — Violettes russes.

Larg. 0,37. Haut. 0,27.

3 — Pavots dans une jardinière en Rouen.

Larg. 0,54. Haut. 0,36.

4 — Pêches et mûres dans une corbeille.

Larg. 0,54. Haut. 0,36.

5 — Œillets dans un verre.

Larg. 0,33. Larg. 0,45.

6 — Framboises.

Larg. 0,42. Haut. 0,30.

7 — Roses rouges.

Larg. 0,37. Haut. 0,27.

8 -- Bourriche de verveines.

Larg. 0,37. Haut. 0,27.

9 — Œillets dans un vase en verre.

Larg. 0,37. Haut. 0,27.

10 — Roses dans un panier.

Larg. 0,33. Haut. 0,45.

11 — Roses et héliotropes dans une coupe en cristal.

Larg. 0,37. Haut. 0,29.

# TABLEAUX

### ALBERTI (Henri)

12 — Retour du marché en Bretagne. Effet du soir.

Larg. 0,41. Haut. 0,38.

13 — Sur le port. Sables d'Olonne.

Larg. 0,38. Haut. 0,31.

14 — Le port de Concarneau.

Larg. 0,44. Haut. 0,31.

15 — En cabinet particulier.

Larg. 0,31. Haut. 0,24.

### ALLÈGRE (A.)

16 — Les Martigues.

Larg. 0,46. Haut. 0,32.

### BARILLOT

17 — Vaches dans la prairie.

Larg. 0,35. Haut. 0,27.

### BRISGAND (G.)

18 — Heureux présages.

Larg. 0,54. Haut. 0,65.

### BROWN (John-Lewis)

19 — Rendez-vous de chasse.

Larg. 0,30. Haut. 0,21.

### CHARPIN (A.)

20 — Moutons à la bergerie.

Larg. 0,24. Haut. 0,19.

## CHINTREUIL

21 — Allée sous bois.

Larg. 0,31. Haut. 0.43.

22 — Forêt de Fontainebleau.

Larg. 0,33. Haut. 0,41.

## COUSIN (C.)

23 — Mélancolie.

Larg. 0,54. Haut. 0,65.

## DESHAYES (Eug.)

24 — En Hollande.

Larg. 0,92. Haut. 0,65.

## DULUARD (L.)

25 — Gentilhomme Louis XIII.

Larg. 0,33. Haut 0,41.

26 — Le Porte-Etendard.

Larg. 0,27. Haut. 0,35.

## ECOLE 1830

27 — Paysage d'Italie.

Larg. 0,35. Haut. 0,23.

28-29 — Deux marines.

Larg. 0,22. Haut. 0,15.

## FRANÇAIS et BARON

30 — Chanson sous les saules.

Larg 2m. Haut. 0,70.

Salon de 1857.

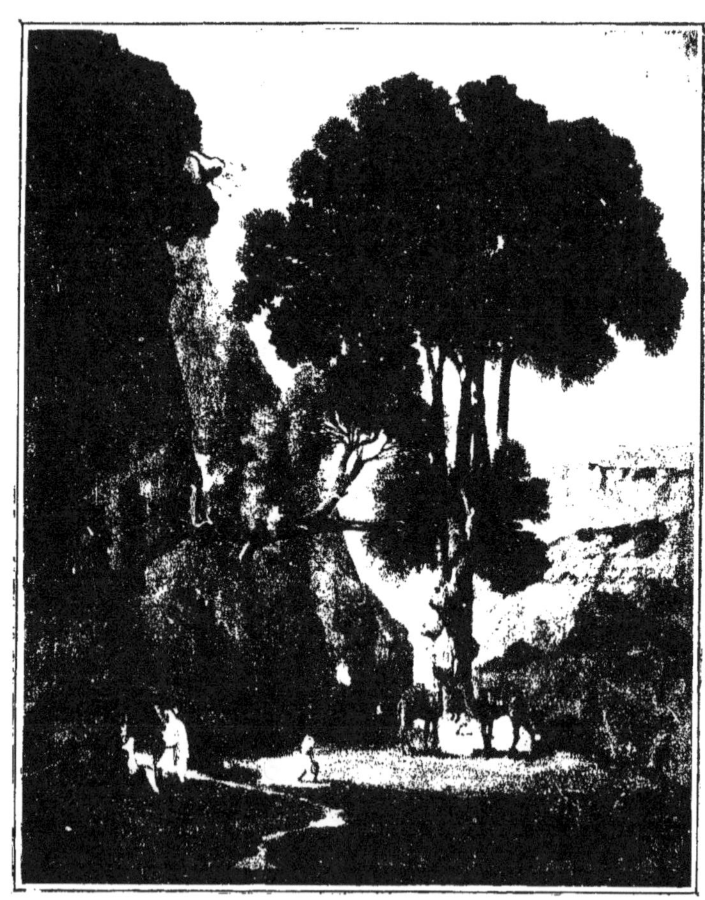

N° 32.    Une halte dans les Gorges de la Chifa

## FRANÇAIS

31 — Dans le parc (Vaux-de-Cernay).

Larg. 0,31. Haut. 0,25.

## FROMENTIN (Eugène)

32 — Une halte dans les Gorges de la Chiffa.

Larg. 0,50. Haut. 0,61.

Salon de 1847.

## GIRARDET (E.)

33 — Intérieur arabe.

Larg. 0,41. Haut. 0,27.

## LAVIEILLE (E.)

34 — Village en Seine-et-Marne.

Larg. 0,73. Haut. 0,50.

## LÉPINE S.

35 — Vieux Montmartre.

Larg. 0,27. Haut. 0,14.

## LEROY (J.)

36 — Déjeuner interrompu.

Larg. 0,38. Haut. 0,46.

## LOPISGICH (G. A.)

37 — Pavots.

Larg. 0,73. Haut. 1 m.

38 — Dahlias et chrysanthèmes.

Larg. 0,65. Haut. 0,73.

## LUMINAIS

39 — Tête d'homme.

Larg. 0,50. Haut. 0,36.

## MITA

40 — Paysage, effet du soir.

Larg. 0,41, Haut. 0,33.

## MONTICELLI

41 — Femmes dans un parc.

Larg. 0,18. Haut. 0,30.

## MOREMANS (F.)

42 — La Ménagère.

Larg. 0,19. Haut. 0,24.

## NARDI (Fr.)

43 — Le port de Cassis.

Larg. 0,55. Haut. 0,38.

## OLIVE

44 — Le port de Marseille, temps gris.

Larg. 0,65. Haut. 0,46.

## RIGOLOT (A.)

45 — Les derniers rayons (Algérie).

Larg. 0,30. Haut. 0,17.

## ROSIER (A.)

46 — Venise.

La g. 0,61. Haut. 0,38.

47 — Le Palais ducal et la Piazetta Saint-Marc.

Larg. 0,61. H. 0.38.

## SCHEFFER (Ary)

48 — Le blessé.

Larg. 0,38 . Haut. 0,46.

## THORNLEY

49 — Village au bord de la mer.

Larg. 1 m. Haut. 0,81.

## TIMMERMANS

50 — Bateaux de pêche en rade de Grandcamp.

Larg. 0,38. Haut. 0,46.

## VERNON (Paul)

51 — Venise.

Larg. 0,15. Haut 0,07.

## VIGNON (V.)

52 — Vieux chemin à Noroy (Aisne).

Larg. 0,22. Haut. 0,21.

## VOLLON (Antoine)

53 — Objets d'orfèvrerie et fruits.

Larg. 0,36. Haut. 0,48.

## VILDER (A.)

54 — Vue d'Anvers.

Larg. 0,73. Haut. 0,60.

## WILHEMS (J.)

55 — Bateaux de pêche dans le bassin au Tréport.

Larg. 0,41. Haut. 0,27.

56 — Départ pour la promenade (Venise).

Larg. 0,24. Haut. 0,14.

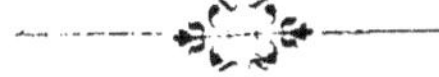

# AQUARELLES, DESSINS, PASTELS

### BOUDIN (E.)

57 — Marine.

> Aquarelle. Larg. 0,25. Haut. 0,18.

58 — Une noce à Plougastel.

> Aquarelle. Larg. 0,22. Haut. 0,14.

### BROWN (John-Lewis)

59 — Chevaux de course.

> Dessin.

### CHÉRET (J.)

60 — Femme au tambourin.

> Pastel. Larg. 0,18. Haut. 0,35.

### CLAIRIN (G.)

61 — Fantaisie.

> Gouache. Larg. 0,28. Haut. 0,45.

### FORAIN (L.)

62 — Dans les couloirs.

> Aquarelle. Larg. 0,25. Haut. 0,35.

### ISABEY (E.)

63 — Deux marines dans un même cadre.

> Dessins rehaussés.
> Cachet de la vente.

### JACQUE (Ch.)

64 — Etude d'oies.

> Dessin. Larg. 0,15. Haut. 0,10.

## MILLET (J.-F.)

65 — La barrière.

Fusain. L. Larg. 0,27. Haut. 0,21.
Cachet de la vente.

## PIETTE (L.)

66 — La place du marché à Pontoise.

Gouache. Larg. 0,46. Haut. 0,27.

## RANFT (Richard)

67 — Vue de la Seine.

Pastel. Larg. 0,43. Haut. 0,31.

## RABIER (A.)

68 — Venise.

Aquarelle.

## THAULOW (Fr.)

69 — L'hiver en Norvège.

Eau-forte en couleurs.